Первый иллюстрированный словарь
Животные
First Picture Dictionary
Animals

Свинья
Pig

Бабочка
Butterfly

Лиса
Fox

Кролик
Rabbit

Иллюстрации Анны Иванир

www.kidkiddos.com
Copyright ©2024 by KidKiddos Books Ltd.
support@kidkiddos.com

All rights reserved. No part of this book may be reproduced in any form or by any electronic or mechanical means, including information storage and retrieval systems, without written permission from the publisher, except in the case of a reviewer, who may quote brief passages embodied in critical articles or in a review.
First edition, 2025

Library and Archives Canada Cataloguing in Publication
First Picture Dictionary - Animals (Russian English Bilingual edition)
ISBN: 978-1-83416-243-0 paperback
ISBN: 978-1-83416-244-7 hardcover
ISBN: 978-1-83416-242-3 eBook

Дикие животные
Wild Animals

Лев
Lion

Тигр
Tiger

Жираф
Giraffe

✦ Жираф — самое высокое животное на земле.
✦ A giraffe is the tallest animal on land.

Слон
Elephant

Обезьяна
Monkey

Дикие животные
Wild Animals

Бегемот
Hippopotamus

Панда
Panda

Лиса
Fox

Носорог
Rhino

Олень
Deer

Лось
Moose

Волк
Wolf

✦Лось отлично плавает и может нырять под воду, чтобы есть растения!

✦A moose is a great swimmer and can dive underwater to eat plants!

Белка
Squirrel

Коала
Koala

✦Белка прячет орехи на зиму, но иногда забывает, где их спрятала!

✦A squirrel hides nuts for winter, but sometimes forgets where it put them!

Горилла
Gorilla

Домашние животные
Pets

Канарейка
Canary

✦ *Лягушка может дышать как кожей, так и лёгкими!*
✦ *A frog can breathe through its skin as well as its lungs!*

Морская свинка
Guinea Pig

Лягушка
Frog

Хомяк
Hamster

Золотая рыбка
Goldfish

Собака
Dog

◆ *Некоторые попугаи могут повторять слова и даже смеяться, как человек!*
◆ Some parrots can copy words and even laugh like a human!

Попугай
Parrot

Кошка
Cat

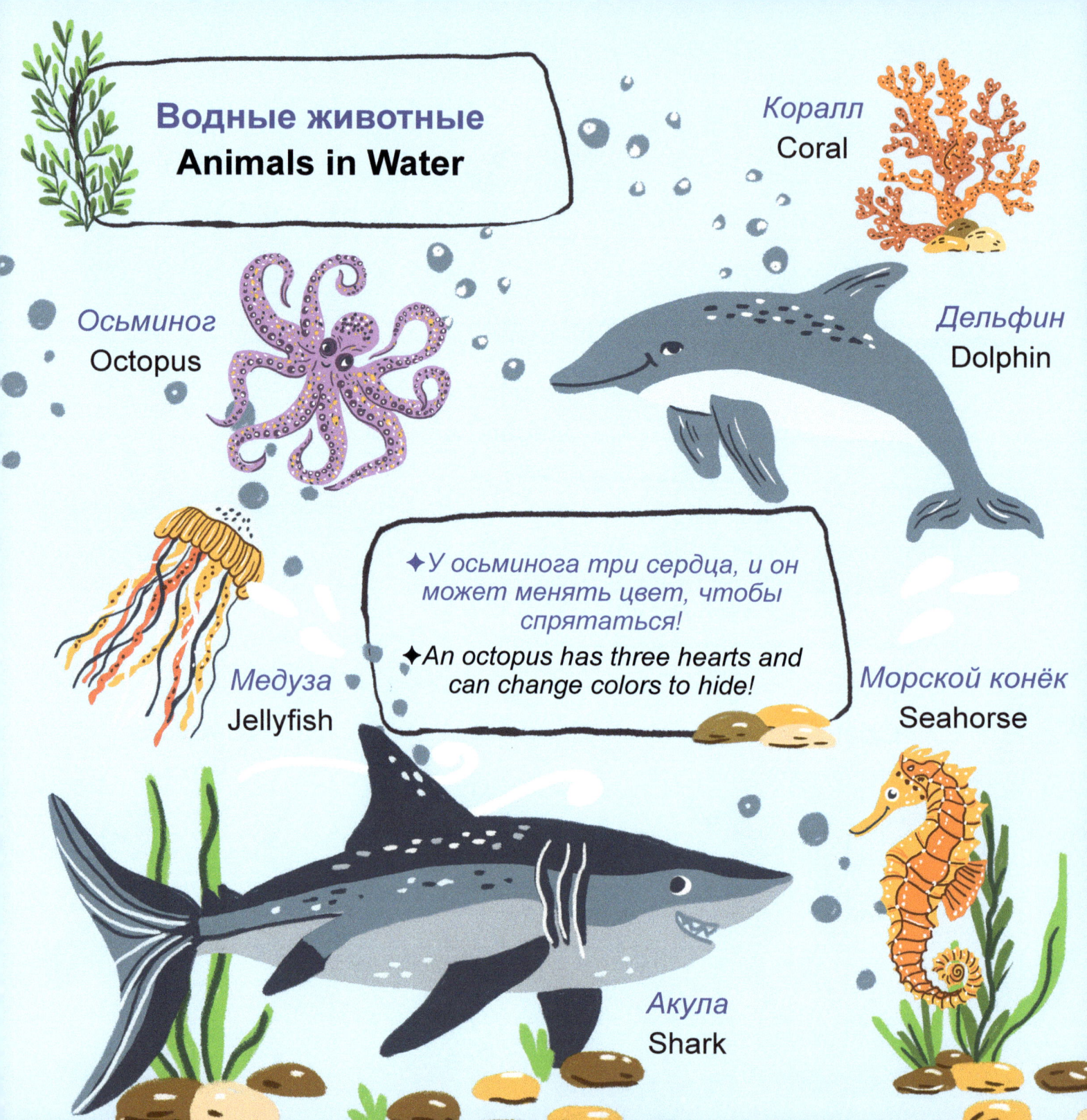

Комар
Mosquito

Стрекоза
Dragonfly

✦*Стрекоза была одним из первых насекомых на Земле, еще до появления динозавров!*
✦*A dragonfly was one of the first insects on Earth, even before dinosaurs!*

Пчела
Bee

Бабочка
Butterfly

Божья коровка
Ladybug

Барсук
Badger

Дикобраз
Porcupine

Сурок
Groundhog

◆ *Ящерица может отрастить новый хвост, если потеряет старый!*
◆ *A lizard can grow a new tail if it loses one!*

Ящерица
Lizard

Муравей
Ant

Маленькие животные
Small Animals

Хамелеон
Chameleon

Паук
Spider

✦ *Страус — самая большая птица, но он не умеет летать!*
✦ An ostrich is the biggest bird, but it cannot fly!

Пчела
Bee

✦ *Улитка носит свой дом на спине и передвигается очень медленно.*
✦ A snail carries its home on its back and moves very slowly.

Улитка
Snail

Мышь
Mouse

Тихие животные
Quiet Animals

Божья коровка
Ladybug

Черепаха
Turtle

✦ Черепаха может жить как на суше, так и в воде.
✦ A turtle can live both on land and in water.

Рыба
Fish

Ящерица
Lizard

Сова
Owl

Летучая мышь
Bat

✦Светлячок светится ночью, чтобы найти других светлячков.
✦A firefly glows at night to find other fireflies.

✦Сова охотится ночью и использует слух, чтобы находить пищу!
✦An owl hunts at night and uses its hearing to find food!

Енот
Raccoon

Тарантул
Tarantula

Яркие животные
Colorful Animals

Фламинго розовый
A flamingo is pink

Сова коричневая
An owl is brown

Лебедь белый
A swan is white

Осьминог фиолетовый
An octopus is purple

Лягушка зелёная
A frog is green

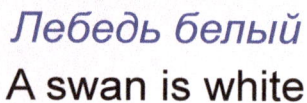

✦ Лягушка зелёная, чтобы прятаться среди листьев.
✦ *A frog is green, so it can hide among the leaves.*

Белый медведь белый
A polar bear is white

Лиса оранжевая
A fox is orange

Коала серая
A koala is grey

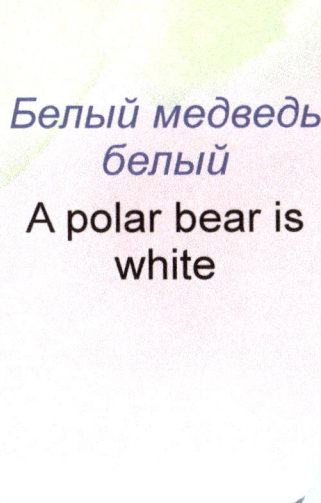

Пантера чёрная
A panther is black

Цыплёнок жёлтый
A chick is yellow

Животные и их детёныши
Animals and Their Babies

Корова и телёнок
Cow and Calf

Кошка и котёнок
Cat and Kitten

Курица и цыплёнок
Chicken and Chick

✦ *Цыплёнок разговаривает с мамой ещё до того, как вылупится.*
✦ *A chick talks to its mother even before it hatches.*

Собака и щенок
Dog and Puppy

Бабочка и гусеница
Butterfly and Caterpillar

Овца и ягнёнок
Sheep and Lamb

Лошадь и жеребёнок
Horse and Foal

Свинья и поросёнок
Pig and Piglet

Коза и козлёнок
Goat and Kid

www.ingramcontent.com/pod-product-compliance
Lightning Source LLC
LaVergne TN
LVHW072005060526
838200LV00010B/283